Fonética
Phonics

Primer a Tercer Grado
Grades 1-3

Escrito por/Written by Ruth Solski
Traducido por/Translated by Hellen Martínez
Ilustrado por/Illustrated by S&S Learning Materials

ISBN 1-55035-838-3
Copyright 2005 S&S Learning Materials
All rights reserved * Printed in Canada

Published in the United States by:
On the Mark Press
3909 Witmer Road PMB 175
Niagara Falls, New York
14305
www.onthemarkpress.com

Published in Canada by:
S&S Learning Materials
15 Dairy Avenue
Napanee, Ontario
K7R 1M4
www.sslearning.com

Bilingual Workbooks in Spanish and English

Basic Skills in Language and Mathematics for:

- ESL (English as a Second Language)
- SSL (Spanish as a Second Language)
- ELL (English Language Learners)

Congratulations on your purchase of a worthwhile learning resource! Here is a ready-to-use bilingual series for busy educators and parents. Use these workbooks to teach, review and reinforce basic skills in language and mathematics. The series' easy-to-use format provides Spanish content on the right-facing page, and the corresponding English content on the left-facing page. Comprised of curriculum-based material on reading, language and math, these workbooks are ideal for both first and second language learners.

Wherever possible, the activities in this series have been directly translated from one language to the other. This "direct translation" approach has been used with all activities featuring core skills that are the same in both Spanish and English. For the basic skills that differ between Spanish and English, an "adaptation" approach has been used. In the adapted activities, the Spanish content may be very different from the English content on the corresponding page – yet both worksheets present concepts and skills that are central to each language. By using a combination of both direct translations and adaptations of the activities, this bilingual series provides worksheets that will help children develop a solid understanding of the basic concepts in math, reading and language in both Spanish and English.

Fonética/Phonics

Fonética/Phonics is an effective resource for teaching or reviewing a wide variety of phonetic concepts. The activities in this book provide practice in the following skills: recognizing initial consonants, hard and soft *c* and *g*, long and short vowels, digraphs, blends, syllabication, antonyms, synonyms and homonyms. Exercises also provide practice in spelling and sound substitution.

Also Available
Spanish/English Practice in...

SSY1-24 **Numeración/Numeration**
SSY1-25 **Adición/Addition**
SSY1-26 **Sustracción/Subtraction**
SSY1-27 **Fonética/Phonics**
SSY1-28 **Leer para Entender/Reading for Meaning**
SSY1-29 **Uso de las Mayúsculas y Reglas de Puntuación/Capitalization & Punctuation**
SSY1-30 **Composición de Oraciones/Sentence Writing**
SSY1-31 **Composición de Historias/Story Writing**

Cuadernos de trabajo bilingües en español e inglés

Fundamentos de lenguaje y matemática para:

- ISI (Inglés como Segundo Idioma)
- ESI (Español como Segundo Idioma)
- EII (Estudiantes de Idioma Inglés)

¡Felicitaciones por la compra de esta valiosísima fuente de aprendizaje! Aquí tiene usted una serie bilingüe para educadores y padres lista para usar. Estos libros de trabajo los puede utilizar para enseñar, revisar y reforzar las habilidades básicas de lenguaje y matemática. El formato fácil de usar de esta serie le permite hacer los mismos ejercicios en dos idiomas simultáneamente, pues presenta el contenido en español en la página derecha y el contenido equivalente en inglés en la página izquierda. Compuesto por material basado en currículos escolares en lectura, lenguaje y matemática, estos libros de trabajo son ideales para estudiantes que están aprendiendo inglés y/o español como primer o segundo idioma.

Las actividades de esta serie se han traducido del inglés al español tratando de mantener la mayor similitud posible, intentando lograr un enfoque de "traducción directa". Este enfoque se ha mantenido en todas las actividades principales tanto en inglés como en español, y en los casos en los que no se pudo hacer una traducción directa debido a las diferencias lingüísticas, se optó por la "adaptación" de las actividades. En las actividades que han sido adaptadas, el contenido en español varía del contenido de la página correspondiente en inglés, pero, aun así, ambas hojas de trabajo mantienen los conceptos y habilidades que son centrales en cada idioma. Empleando una combinación de traducción y adaptación de las actividades, esta serie bilingüe ofrece hojas de trabajo que ayudarán a su niño a desarrollar una sólida comprensión de los conceptos básicos en matemática, lectura y lenguaje tanto en español como en inglés.

Fonética/Phonics

Fonética/Phonics es un recurso efectivo para enseñar o revisar una gran variedad de conceptos fonéticos. Las actividades que se presentan en este libro incluyen prácticas de reconocimiento de consonantes al inicio de las palabras, la c suave y la c fuerte, la g suave y la g fuerte, vocales acentuadas y no acentuadas, dígrafos, unión de letras, división silábica, antónimos y homónimos. Los ejercicios también permiten practicar los aspectos de deletreo de palabras y sustitución de sonidos.

También tiene disponible
Prácticas en Español/Inglés en...

Beginning Sounds:
d, b, p, t, c

Look at the picture. Say its name. Print the beginning sound that you hear on the line in each box.

___	___	___	___
___	___	___	___
___	___	___	___
___	___	___	___

Skill: Recognition of the Initial Consonants d, b, p, t, c

Palabras que comienzan con los sonidos:
d, b, p, t, c

Mira la figura. Pronuncia su nombre. Escribe la letra del sonido con el que empieza el nombre de la figura en el espacio en blanco abajo de cada figura.

_____	_____	_____	_____
_____	_____	_____	_____
_____	_____	_____	_____
_____	_____	_____	_____

Objetivo: Reconocer palabras que empiezan con las consonantes d, b, p, t, c.

Beginning Sounds:
g, y, j, f, k

Look at the picture. Say its name. Print the beginning sound on the line in the box.

 ______	 ______	 ______	 ______
 ______	 ______	 ______	 ______
 ______	 ______	 ______	 ______
 ______	 ______	 ______	 ______

Skill: Recognition of the Initial Consonants g, y, j, f, k

Palabras que comienzan con los sonidos:
g, y, j, f, k

Mira la figura. Pronuncia su nombre. Escribe la letra del sonido con el que empieza el nombre de la figura en el espacio en blanco abajo de cada figura.

Objetivo: Reconocer palabras que empiezan con las consonantes g, y, j, f, k.

Beginning Sounds:
h, s, l, m, n

Look at the picture. Say its name. Print the beginning sound on the line in each box.

____	____	____	____
____	____	____	____
____	____	____	____
____	____	____	____

Skill: Recognition of the Initial Consonants h, s, l, m, n

Palabras que comienzan con los sonidos:
h, s, l, m, n

Mira la figura. Pronuncia su nombre. Escribe la letra del sonido con el que empieza el nombre de la figura en el espacio en blanco abajo de cada figura.

Objetivo: Reconocer palabras que empiezan con las consonantes h, s, l, m, n.

Fonética/Phonics

Beginning Sounds:
r, v, w, z

Look at the picture. Say its name. Print the beginning sound on the
line in each box.

Skill: Recognition of the Initial Consonants r, v, w, z

© On the Mark Press • S&S Learning Materials

OTM-2527 • SSY1-27 Fonética

Palabras que comienzan con el sonido:
r, v, z

Mira la figura. Pronuncia su nombre. Escribe la letra del sonido con el que empieza el nombre de la figura en el espacio en blanco abajo de cada figura.

_____	_____	_____	_____
_____	_____	_____	_____
_____	_____	_____	_____
_____	_____	_____	_____

Objetivo: Reconocer palabras que empiezan con las consonantes r, v, z.

OTM-2527 • SSY1-27 Fonética

Let's Make Words Using the Sounds
d, b, p, t, c

Look at the picture. Say its name. Spell the word.

___ an	___ at	___ ot	___ at
___ uck	___ en	___ ap	___ ack
___ ig	___ all	___ oys	___ oll
___ op	___ og	___ ag	___ ent

Skill: Recognition of Initial Consonants d, b, p, t, c

Hagamos palabras usando los sonidos
d, b, p, t, c

Mira la figura, pronuncia su nombre y deletrea la palabra.

____ úfalo	____ apa	____ andado	____ otella
____ ato	____ ometa	____ eluca	____ ozo
____ iente	____ elota	____ arro	____ ado
____ rompo	____ erro	____ olsa	____ ienda

Objetivo: Reconocer palabras que empiezan con las consonantes d, b, p, t, c.

Let's Make Words Using the Sounds g, y, j, f, k

Look at the picture. Say its name. Spell the word.

_____ un	_____ ar	_____ ey	_____ ard
_____ id	_____ ox	_____ eep	_____ am
_____ igs	_____ arn	_____ um	_____ ick
_____ ug	_____ in	_____ ak	_____ ite

Skill: Recognition of Initial Consonants g, y, j, f, k

Hagamos palabras usando los sonidos g, y, j, f, k

Mira la figura, pronuncia su nombre y deletrea la palabra.

_____ ato	_____ orro	_____ oca	_____ amón
_____ irafa	_____ o-yo	_____ iosco	_____ ate
_____ arrón	_____ antasma	_____ oma	_____ abalí
_____ alón	_____ eringa	_____ rutas	_____ uante

Objetivo: Reconocer palabras que empiezan con las consonantes g, y, j, f, k.

Let's Make Words with the Sounds h, s, l, m, n

Look at the picture. Say its name. Spell the word.

_____ ug	_____ aw	_____ oon	_____ og
_____ et	_____ op	_____ ock	_____ ut
_____ id	_____ ap	_____ at	_____ eg
_____ am	_____ un	_____ ap	_____ it

Skill: Recognizing and Using the Initial Consonants h, s, l, m, n

Fonética/Phonics

Hagamos palabras usando los sonidos h, s, l, m, n

Mira la figura, pronuncia su nombre y deletrea la palabra.

___ igo	___ errucho	___ una	___ oche
___ eón	___ emáforo	___ ieve	___ uez
___ oneda	___ iesta	___ ombrero	___ uevo
___ interna	___ ol	___ apa	___ anzana

Objetivo: Reconocer palabras que empiezan con las consonantes h, s, l, m, n.

© On the Mark Press • S&S Learning Materials   17   OTM-2527 • SSY1-27 Fonética

Let's Make Words with the Sounds r, v, w, z

Look at the picture. Say its name. Spell the word.

_____ ake	_____ ebra	_____ ig	_____ an
_____ eb	_____ est	_____ ero	_____ ock
_____ ain	_____ ind	_____ ine	_____ ug
_____ oom	_____ ase	_____ ell	_____ ing

Skill: Recognizing and Using the Initial Consonants r, v, w, z

Fonética/Phonics

Hagamos palabras usando los sonidos r, v, z

Mira la figura, pronuncia su nombre y deletrea la palabra.

_____ astrillo	_____ ebra	_____ atón	_____ apato
_____ ampiro	_____ ío	_____ orrillo	_____ oca
_____ egadera	_____ iento	_____ iña	_____ opa
_____ osa	_____ egalo	_____ orro	_____ aca

Objetivo: Reconocer palabras que empiezan con las consonantes r, v, z

Ending Sounds: d, m, p, t, f, x, s, g, n, b, l, r

Look at the picture. Say its name. Print its ending sound on the line in the box.

lea ____	do ____	dru ____	bo ____
po ____	sa ____	bu ____	he ____
tu ____	bel ____	ca ____	nu ____
cu ____	be ____	pum ____	ba ____

Skill: Recognizing and Writing Final Consonants.

Fonética/Phonics

Sonidos finales: d, t, s, n, l, r, z, j

Mira la figura, pronuncia su nombre y escribe la letra con que termina la palabra en la línea de abajo de cada recuadro.

lápi ____	árbo ____	tambo ____	re ____
mamu ____	delfí ____	autobú ____	relo ____
compá ____	pe ____	robo ____	nue ____
avió ____	raí ____	corazó ____	pape ____

Objetivo: Reconocer y escribir palabras que terminan con una consonante.

Let's Review the Beginning and Ending Sounds

| b, c, d, f, g, h, j, k, l, m, n, p, r, s, t, v, w, y, x |

Look at each picture. Say its name. Print its beginning and ending sound on the lines in each box.

___ o ___	___ ar ___	___ ape ___	___ enci ___
___ o ___	___ arro ___	___ ushroo ___	___ oo ___
___ adybu ___	___ olphi ___	___ if ___	___ eed ___
___ etchu ___	___ a ___	___ e ___	___ otdo ___

Skill: Review of Initial and Final Consonants

Revisemos los sonidos iniciales y finales

| b, c, d, f, g, h, j, k, l, m, n, p, r, s, t, v, y, x |

Mira cada figura, pronuncia su nombre y escribe la letra con la que empieza y con la que termina cada palabra en las líneas de abajo de cada recuadro.

___ aí ___	___ amió ___	___ abó ___	___ a ___
___ araco ___	___ lo ___	___ o ___	___ imó ___
___ are ___	___ elfí ___	___ itó ___	re ___
___ ardí ___	___ elevisió ___	___ elo ___	___ eli ___

Objetivo: Revisar palabras que tienen una consonante al inicio y al final.

Fill my honey pots with new words!
Change the last sound of the first word to make
two new words. **Example:** but bus bug bud

1.
ran
ra __
ra __

2.
can
ca __
ca __

3.
hat
ha __
ha __

4.
pin
pi __
pi __

5.
cup
cu __
cu __

6.
hop
ho __
ho __

7.
hut
hu __
hu __

8.
sat
sa __
sa __

9.
hit
hi __
hi __

10.
bad
ba __
ba __

11.
mad
ma __
ma __

12.
peg
pe __
pe __

¡Llena mis jarros de miel con palabras nuevas! Cambia la tercera letra de la primera palabra para hacer dos palabras nuevas.
Por ejemplo: pato pavo pago paso

1. rana
ra __ a
ra __ a

2. casa
ca __ a
ca __ a

3. cola
co __ a
co __ a

4. bola
bo __ a
bo __ a

5. masa
ma __ a
ma __ a

6. pata
pa __ a
pa __ a

7. saco
sa __ o
sa __ o

8. rosa
ro __ a
ro __ a

9. tiza
ti __ a
ti __ a

10. mesa
me __ a
me __ a

11. tapa
ta __ a
ta __ a

12. mano
ma __ o
ma __ o

Sometimes you can hear consonants in the middle of words.

Say the name of each picture.

Print the missing consonants to spell the words correctly.

dra ___ on	le ___ on	ca ___ el	pu ___ ___ y
dre ___ ___ er	ka ___ ak	ke ___ ___ le	la ___ er
mi ___ ___ or	mo ___ ey	pea ___ ut	ra ___ ___ it
ra ___ ___ oon	ra ___ io	squi ___ ___ el	spi ___ er

Skill: Recognition and Writing Medial Consonants

Algunas veces las consonantes van en el medio de las palabras.

Pronuncia el nombre de cada figura y luego escribe la consonante que falta para deletrear las palabras correctamente.

dra ___ ón	li ___ ón	ca ___ ello	pe ___ ___ ito
co ___ eta	ka ___ ac	re ___ alo	es ___ alera
es ___ ejo	di ___ ero	ma ___ í	co ___ ejo
a ___ illo	ra ___ io	ar ___ illa	ara ___ a

Objetivo: Reconocer y escribir consonantes en el medio de las palabras.

Hard and Soft Cc

The word **cat** begins with the **hard c** sound.

The word **mice** has the **soft c** sound.

Print the words in the box under the correct heading.

candy	decide	candle	pencil	camel
fence	celery	cake	cow	ice
coat	corn	place	cookie	cap
city	recess	face	rice	calf

cat

mice

_____   _____

_____   _____

_____   _____

_____   _____

_____   _____

_____   _____

_____   _____

Skill: Recognition of Hard and Soft C

Cc fuerte y Cc suave

La palabra **conejo** comienza con una c fuerte.

La palabra **ciervo** comienza con una c suave.

Escribe las palabras que están en el recuadro en las líneas correspondientes que están abajo.

caramelo	decidir	candela	lapicero	camello
cemento	alce	cabeza	vaca	cielo
corbata	camisa	centro	comer	cono
ciudad	cena	cara	mecenas	amanecer

conejo

ciervo

_____   _____

_____   _____

_____   _____

_____   _____

_____   _____

_____   _____

_____   _____

Objetivo: Reconocer la c fuerte y la c suave.

Listening for the Hard and Soft Gg

The huge, ugly giant loves to count his gold coins.

The words **giant** and **huge** have the **soft g** sound.

The words **gold** and **ugly** have the **hard g** sound.

Color the coins with words that have the **soft g** sound <u>yellow</u>.

Color the coins with words that have the **hard g** sound <u>red</u>.

game	page	flag	ginger	dog
huge	goat	gum	age	orange
gas	cage	tag	garden	sugar
engine	good	bridge	stage	gym

Skill: Recognizing Hard and Soft Gg

La Gg fuerte y la Gg suave

El grande y angurriento gigante adora contar sus genuinas monedas de oro.

La primera g de la palabra gigante y la g de la palabra genuinas tienen una g fuerte.

La segunda g de la palabra gigante, la palabra grande y la palabra angurriento tienen una g suave.

Colorea en amarillo las monedas que tienen palabras con g suave.

Colorea en rojo las monedas que tienen palabras con g fuerte.

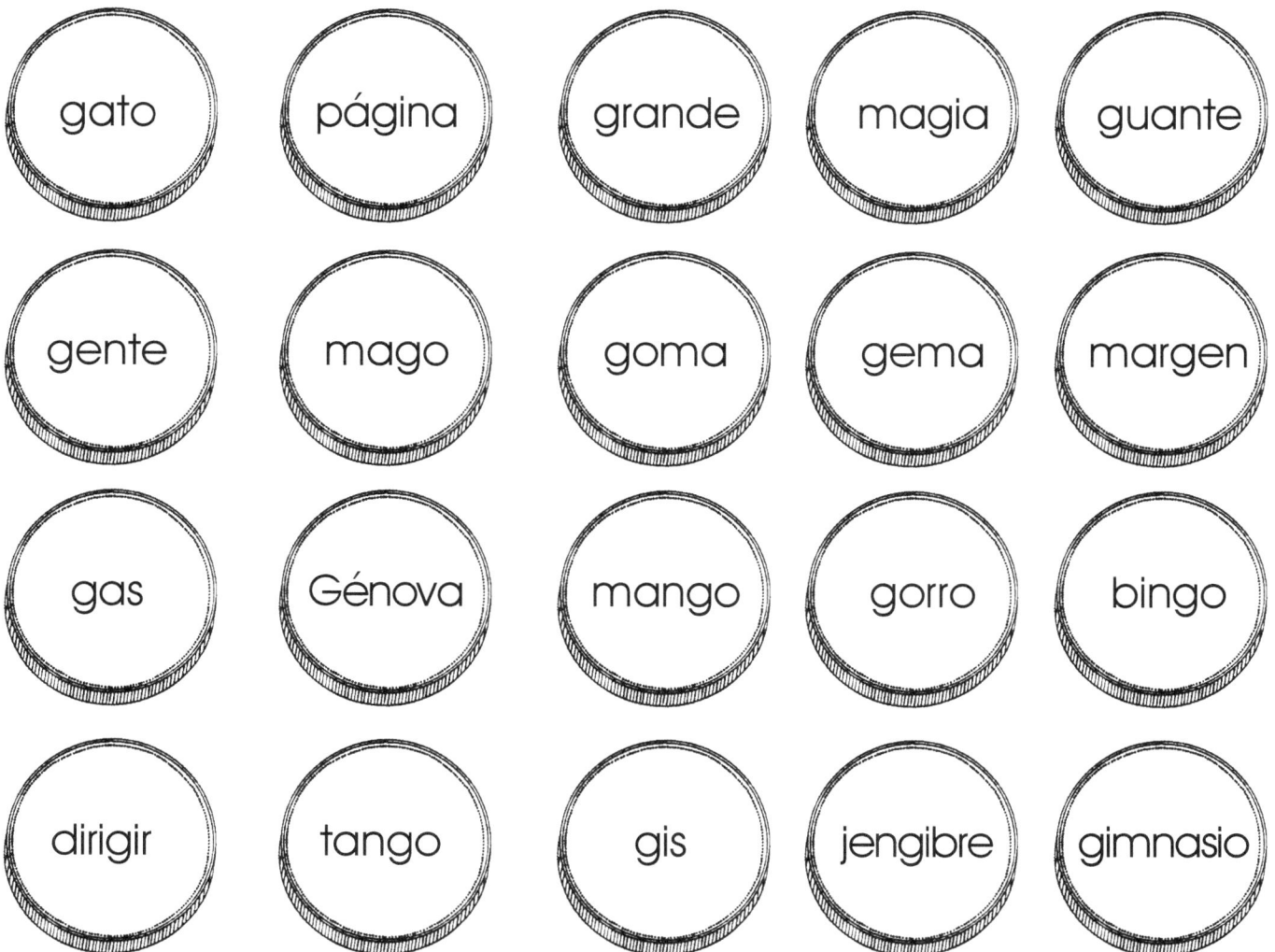

gato	página	grande	magia	guante
gente	mago	goma	gema	margen
gas	Génova	mango	gorro	bingo
dirigir	tango	gis	jengibre	gimnasio

Objetivo: Reconocer la g fuerte y la g suave.

Long and Short Vowel Aa

Amos Ape loves apples.

The word <u>ape</u> begins with the **long a** sound.
<u>Apples</u> begins with the **short a** sound.

Say the name of each picture. On the line print **long a** or **short a**.

_____	_____	_____	_____
_____	_____	_____	_____
_____	_____	_____	_____

Skill: Recognition of Long and Short Vowel a

Aa y Áá

El Ángel Antonio adora volar.

La letra "A" de la palabra <u>Antonio</u> no lleva acento.

La letra "A" de la palabra <u>Ángel</u> sí lleva acento.

Pronuncia el nombre de cada figura y luego escribe la palabra. No olvides poner el acento a las palabras que lo necesitan.

Objetivo: Reconocer la Áá acentuada y la Aa no acentuada.

Long and Short Vowel Ee

The **E**aster Bunny brings baskets of **e**ggs on **E**aster morning.

<u>Easter</u> begins with the **long e** sound.

<u>Eggs</u> begins with the **short e** sound

Say the name of each picture. On the line print **long e** or **short e**.

_____	_____	_____	_____
_____	_____	_____	_____
_____	_____	_____	_____

Skill: Recognition of Long and Short Ee

Ee y Éé

El **E**nano Pedro talla el **é**bano para hacer una hermosa silla.

La letra "E" de la palabra <u>Enano</u> no lleva acento.

La letra "e" de la palabra <u>ébano</u> sí lleva acento.

Pronuncia el nombre de cada figura y luego escribe la palabra. No olvides poner el acento a las palabras que lo necesitan.

_____	_____	_____	_____
_____	_____	_____	_____
_____	_____	_____	_____

Objetivo: Reconocimiento de la Éé acentuada y la Ee no acentuada.

Long and Short Vowel Ii

Issaic Inchworm hides in the leaves so the birds won't see him.

Issaic begins with the **long vowel i** sound.

Inchworm begins with the **short vowel i** sound.

Say the name of each picture. On the line print **long i** or **short i**.

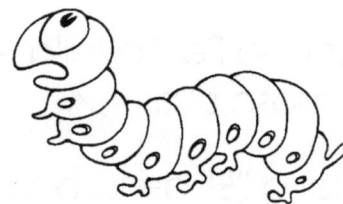

_____	_____	_____	_____
_____	_____	_____	_____
_____	_____	_____	_____

Skill: Recognition of Long and Short Vowel Ii

Ii e Íí

El Mono Ignacio usa su dedo índice para señalar la iguana.

La letra "I" de la palabra <u>Ignacio</u> y la palabra <u>iguana</u> no lleva acento.

La letra "i" de la palabra <u>índice</u> sí lleva acento.

Pronuncia el nombre de cada figura y luego escribe la palabra.
No olvides poner el acento a las palabras que lo necesitan.

Objetivo: Reconocer la íí acentuada y la Ii no acentuada.

Long and Short Vowel Oo

Otis **O**ctopus lives in the ocean.

<u>Otis</u> and <u>ocean</u> begin with the **long vowel o** sound.

<u>Octopus</u> begins with the **short vowel o** sound.

Say the name of each picture. On the line print **long o** or **short o**.

Skill: Recognition of Long and Short Vowel Oo

Oo y Óó

El Oso Óscar caza para descansar y dormir en invierno.

La letra "O" de la palabra <u>Oso</u>, la palabra <u>dormir</u> y la palabra <u>invierno</u> no lleva acento.

La letra "o" de la palabra <u>Óscar</u> sí lleva acento.

Pronuncia el nombre de cada figura y luego escribe la palabra. No olvides poner el acento a las palabras que lo necesitan.

_____	_____	_____	_____
_____	_____	_____	_____
_____	_____	_____	_____

Objetivo: Reconocer la Óó acentuada y la Oo no acentuada.

Fonética/Phonics

Long and Short Vowel Uu

Ulric **U**nicorn **us**es his horn to protect himself.

The word <u>unicorn</u> and the word <u>uses</u> begin with the **long vowel u** sound.

<u>U</u>lric begins with the **short vowel u** sound.

Say the name of each picture. On the line print **long u** or **short u**.

Skill: Recognition of Long and Short Vowel Uu

Uu y Úú

El **U**nicornio **U**lises usa su **ú**nico cuerno para defenderse.

La letra "U" de la palabra <u>Unicornio</u>, la palabra <u>Ulises</u> y la palabra <u>cuerno</u> no lleva acento.

La letra "u" de la palabra <u>único</u> sí lleva acento.

Pronuncia el nombre de cada figura y luego escribe la palabra. No olvides poner el acento a las palabras que lo necesitan.

Objetivo: Reconocer la Úú acentuada y la Uu no acentuada.

How well do you know your vowel sounds?

Record the vowel sound that you hear on the line under each picture.

Example:

short u

_____	_____	_____	_____
_____	_____	_____	_____
_____	_____	_____	_____
_____	_____	_____	_____

Skill: Review of Long and Short Vowel Sounds a, e, i, o, u

¿Qué tan bien conoces las vocales?

Pronuncia el nombre de cada figura y luego escribe la palabra. No olvides poner el acento a las palabras que lo necesitan.

Ejemplo:

timón

Objetivo: Revisar las vocales acentuadas y no acentuadas.

Fonética/Phonics

Name That Digraph

What sound do you hear?

Is it **sh**, **ch**, **wh** or **th**?

Print the sound on the line that is missing from each word.

____ eep	____ ale	mou ____	____ eat
bea ____	too ____	____ imney	____ oe
____ air	bru ____	____ umb	____ istle
____ imble	fi ____	____ eel	____ ur ____

Skill: Recognition of Digraphs sh, ch, wh, th

Dígrafos

¿Qué sonido escuchas?

¿Es **ch** o **ll**?

Escribe el sonido que falta en la línea de abajo de cada recuaaro.

____ ama	____ aleco	si ____ a	cu ____ ara
sombri ____ a	po ____ o	____ imenea	mo ____ ila
____ uvia	____ an ____ o	ani ____ o	cu ____ illo
____ ampiñón	____ orar	____ ocolate	____ ave

Objetivo: Reconocer los dígrafos "ch" y "ll".

Let's Make New Words!

Use the digraphs **ch, sh, th, wh.**

Change the **beginning** sound of the word in the brackets to make a word that will fit the sentence.

1. We will go _____ the school bell rings. (**hen**)

2. Have you ever traveled on a big _____? (**lip**)

3. We went to the store to _____ for groceries. (**hop**)

4. I hope it will stop raining and the sun will _____ soon. (**mine**)

5. The _____ of the truck were stuck in the mud. (**feels**)

6. Golidlocks broke the smallest _____ in the bear's house. (**fair**)

7. Bread is made with the flour that comes from _____. (**seat**)

8. At school we must _____ carefully about our work. (**sink**)

9. The giant made the floor _____ as he walked to the other side of the room. (**make**)

10. Did I _____ you for the beautiful gift? (**sank**)

11. The sandwich Billy made was so _____ he could hardly get his mouth around it. (**sick**)

12. In Melanie's class there are _____ children. (**dirty**)

Skill: Substitution of Digraphs sh, ch, wh, th

Fonética/Phonics

¡Hagamos palabras nuevas!

Usa los dígrafos "**ch**" y "**ll**".

Escribe "ch" o "ll" en los espacios en blanco para completar la palabra que da sentido a cada frase.

1. Mi papá nos ___eva a pasear en co___e todos los domingos.

2. ¡Qué ___eno estoy! Creo que comí mu___as en___iladas.

3. El casti___o se ve muy hermoso por las no___es.

4. Me gusta mucho los va___enatos y cantar "La Cucara___a".

5. La Be___a Durmiente se pin___ó el dedo en una rueca.

6. La ___uvia caía a ___orros y los ___icos corrían por todas partes.

7. Mi ca___orro se ___ama Sam y ___ora mu___o por las no___es.

8. Desembarcando en las ori___as del Atlántico, Cristóbal Colón ___egó a América.

9. Los ga___os cantan al amanecer; las le___uzas lo hacen en la no___e.

10. Felipe ha___ó el cuento de "Los Tres Co___initos".

11. La cita es a las o___o. Por favor, no ___egues tarde.

12. Tengo las ___aves de mi casa en mi mo___ila.

Objetivo: Usar los dígrafos "ch" y "ll".

Name That Blend!

Does it begin with an "l" blend or an "r" blend?

Print the correct blend on the line in each word.

bl, cl, fl, gl, pl, sl, br, cr, dr, fr, gr, pr, tr

____ ass	____ ocks	____ agon	____ og
____ ab	____ esent	____ ass	____ ead
____ ee	____ ate	____ idge	____ uck
____ ock	____ ag	____ apes	____ ide

Skill: Recognition of "l" and "r" consonant blends.

¡Unamos las letras!

¿Con qué combinación de letras comienzan las palabras?

Escribe la combinación de letras correcta en la línea en blanco de cada recuadro.

bl, cl, fl, gl, pl, br, cr, dr, fr, gr, pr, tr

_____ esa	_____ oques	_____ agón	_____ átano
_____ aje	_____ iciclo	_____ áter	_____ ato
_____ obo	_____ ase	_____ ompo	_____ or
_____ ocha	_____ anja	_____ azo	_____ isión

Objetivo: Reconocer las letras "r" y "l" al unirlas con otras consonantes.

Let's Use the "r" and "l" Blends

Make new words using the following blends.

br, cr, dr, fr, gr, pr, tr, bl, cl, fl, gl, pl, sl

Print the blend on the line to complete the unfinished word or words in each sentence.

1. Sharon is going on a ___ip to Québec to visit her ___andparents.

2. The town ___ock strikes the time every hour.

3. Sarah ___ushed her hair every morning before school.

4. The ___umber fixed our leaky water pipe.

5. Cinderella wore a beautiful ___ue___ess to the ball.

6. America's ___ight red, white and blue ___ag waved boldly at the top of the pole.

7. The ___eight ___ain chugged ___owly down the ___acks.

8. Judith wore her favorite ___een ___ouse to school one day.

9. The queen's ___own ___ittered in the sunlight.

10. The ___am ___osed its shell quickly when the fish swam by.

11. The ___own twins are in ___ade four.

12. The dark ___ouds made the day seem sad and ___oomy.

Skill: Using "l" and "r" blends to make new words.

Unamos las letras para formar palabras con "r" y "l"

Haz palabras nuevas usando las siguientes combinaciones de letras:

br, cr, dr, fr, gr, pr, tr, bl, cl, fl, gl, pl

Escribe las letras en los espacios en blanco para completar la palabra
que da sentido a la frase.

1. El li___o que me regaló mi tío Pe___o ha___a de las aventuras de
   un pirata.

2. Las ___ores de los ___ados se ven ___eciosas en la ___imavera.

3. Mi ___imo ___audio y yo fuimos a la ___aya a correr ta___a.

4. Pa___o y Bea___iz ___abajan con mucha dedicación en sus tareas.

5. Mi cuento favorito es ___anca Nieves y los Siete Enanos.

6. La bandera de Estados Unidos tiene ___anjas de colores rojo y
   blanco.

7. La sor___esa de mi tía fue muy ___ande cuando me vio en___ar.

8. ¿Cuántos años cum___e ___istina?

9. El tem___or hizo que los po___os salieran corriendo de la ___anja.

10. Mi animal ___ehistórico favorito es el ti___e dientes de sa___e.

11. La ___ema de cacahuate es muy sa___osa.

12. Ayer el día estuvo muy ___ío, aunque había sol y estaba ___aro.

Objetivo: Usar las letras "l" y "r" unidas con otras consonantes para hacer palabras nuevas.

Let's Use the "S" Blends!

Say the name of each picture. Print the blend on the line in each word.

sc, st, sp, sn, squ, scr, str, sl, sm, sw, sk, spr

____ail	____ales	____ider	____ake
____ar	____ing	____ate	____oller
____oke	____eigh	____ew	____ay
____unk	____oon	____irrel	____awberry

Skill: Recognition of "S" Blends

¡Sigamos uniendo las letras!

¡Sigamos practicando unir nuestras letras para formar palabras!

Escribe la combinación de letras correcta en la línea en blanco de cada recuadro.

bl, cl, fl, gl, pl, br, cr, dr, fr, gr, pr, tr

____ampolín	____ayón	a____auso	____ío
____usa	____or	le____as	ca____a
bici____eta	mi____ófono	ta____a	____igo
po____o	li____o	re____a	co____a

Objetivo: Reconocer las letras "r" y "l" al unirlas con otras consonantes.

Let's Make New Words!

Use the "s" blends to complete the words in the sentences.

sc, sl, sm, sn, sp, squ, st, sw, spr, str, scr, sk

1. The robber wanted to ____eal the magic cloth from the magician.

2. The little gray rabbit ____ampered away quickly.

3. The black pepper made Bobby ____eeze several times.

4. The ____oke came pouring out of the barn and flames shot out of the roof.

5. Children should know how to ____im before going into a lake.

6. Please pick up the ____aps of paper on the floor.

7. The ____ong breeze ____ead the flames of the fire through the forest.

8. One ____owy day we ____ated on the ____ooth ice on our pond.

9. The big turtle ____apped at the fish as they ____am by him.

10. The little piglet ____ealed happily when his food was poured into the trough.

11. The teacher asked Stephen to ____eak louder.

12. The man fell on the ____ippery sidewalk and broke his leg.

Skill: Substitution of "S" Blends

Unamos las letras para formar más palabras con "r" y "l"

Haz palabras nuevas usando las siguientes combinaciones de letras:

br, cr, dr, fr, gr, pr, tr, bl, cl, fl, gl, pl

Escribe las letras en los espacios en blanco para completar la palabra que da sentido a la frase.

1. "El ___autista de Hamelín" fue es___ito por un autor desconocido.

2. La fiesta de Pa___icia estaba decorada con ___obos y ___ores.

3. América está rodeada por el Océano A___ántico y el Océano Pacífico.

4. Me gusta mucho la geo___afía y la geome___ía.

5. Mi perrito es de raza la___ador y le encanta hacer ___avesuras.

6. Mis ___ores favoritas son los ___aveles y las rosas porque tienen una ___agancia muy suave.

7. Al do___ar la calle, me caí de la bici___eta y me golpeé el ___azo.

8. Mi papá sale muy tem___ano a ___abajar todos los días.

9. Mi salón de ___ase es ___ande y de paredes ___ancas.

10. En las Olimpiadas, los ___es ___imeros lugares obtienen medallas de oro, ___ata y ___once.

11. El ci___o de un ser vivo es: nace, ___ece, se re___oduce y muere.

12. Cuando el río suena es porque pie___as ___ae.

Objetivo: Usar las letras "l" y "r" unidas con otras consonantes para hacer palabras nuevas.

Working With Syllables

A **syllable** is a word part.

Some words have one syllable, some have two, while others have three or more syllables.

Read each word. Then write the number of **vowels** you see, the number of **vowel sounds** you hear, and the **number of syllables** in each word.

	Word	Vowels Seen	Vowel Sounds Heard	Syllables
1.	caboose			
2.	sun			
3.	telephone			
4.	pancakes			
5.	goodness			
6.	elephant			
7.	bread			
8.	snowman			
9.	alphabet			
10.	boat			
11.	hoop			
12.	mother			
13.	teapot			
14.	leaves			
15.	kitten			
16.	steam			

Skill: Recognizing Syllables in Words

Trabajemos con sílabas

La **sílaba** es una letra o un conjunto de letras en que se emplea una sola emisión de voz.

Algunas palabras tienen una sílaba, otras tienen dos, tres o incluso cuatro o más sílabas.

Lee cada palabra cuidadosamente y luego escribe el número de **vocales** que ves y el número de **sonidos o emisiones de voz** que escuchas y luego el **número de sílabas** de cada palabra.

	Palabra	Vocales	Sonidos o Emisiones de Voz	Sílabas
1.	clase			
2.	fe			
3.	alumno			
4.	muérdago			
5.	alfabeto			
6.	escuela			
7.	felicidad			
8.	guitarra			
9.	escritorio			
10.	gato			
11.	queso			
12.	mantel			
13.	piedra			
14.	querubín			
15.	canal			
16.	historia			

Objetivo: Reconocer sílabas.

Antonyms, Homonyms, Synonyms

Antonyms are words that have opposite meanings.

Example: happy – sad

Homonyms are words that sound the same but are not spelled the same way and do not have the same meanings.

Example: maid – made

Synonyms are words that have similar meanings.

Example: happy – glad

Write an **A** on the line if the words are **antonyms**; write an **H** if they are **homonyms**; write and **S** if they are **synonyms**.

1. short, long _____	14. simple, easy _____	27. fat, thin _____
2. sick, healthy _____	15. narrow, wide _____	28. see, sea _____
3. eight, ate _____	16. big, large _____	29. so, sew _____
4. powerful, mighty _____	17. our, hour _____	30. scene, seen _____
5. friend, enemy _____	18. cent, sent _____	31. way, weigh _____
6. blew, blue _____	19. rush, hurry _____	32. slow, fast _____
7. looked, hunted _____	20. open, shut _____	33. beautiful, ugly _____
8. right, write _____	21. small, wee _____	34. tall, short _____
9. cool, warm _____	22. sun, son _____	35. for, four _____
10. beat, beet _____	23. under, over _____	36. sweet, sour _____
11. above, below _____	24. kind, mean _____	37. to, two, too _____
12. quiet, still _____	25. same, different _____	38. shiny, glossy _____
13. through, threw _____	26. in, out _____	39. close, near _____

Skill: Classifying Words as Antonyms, Synonyms and Homonyms

Antónimos, Homónimos y Sinónimos

Los **antónimos** son palabras que tienen significados opuestos.

Ejemplo: feliz – triste

Los **homónimos** son palabras que tienen sonido parecido pero que se escriben de diferente manera. Los homónimos tienen significados diferentes.

Ejemplo: hora – ora

Los **sinónimos** son palabras que tienen significados similares.

Ejemplo: contento – feliz

Escribe una **A** en la línea si las palabras son **antónimas**, una **H** si las palabras son **homónimas** y una **S** si son **sinónimas**.

1. corto, largo _____	14. simple, fácil _____	27. gordo, flaco _____
2. enfermo, sano _____	15. angosto, ancho _____	28. bienes, vienes _____
3. casa, caza _____	16. grande, amplio _____	29. bello, vello _____
4. fuerte, débil _____	17. tuvo, tubo _____	30. halla, haya _____
5. amigo, enemigo _____	18. ciento, siento _____	31. grava, graba _____
6. vaso, bazo _____	19. prisa, apuro _____	32. lento, rápido _____
7. pared, muro _____	20. abierto, cerrado _____	33. bonito, feo _____
8. ola, hola _____	21. pequeño, chico _____	34. alto, bajo _____
9. frío, caliente _____	22. horca, orca _____	35. sabia, savia _____
10. ciego, siego _____	23. debajo, sobre _____	36. dulce, amargo _____
11. arriba, abajo _____	24. bueno, malo _____	37. has, haz, as _____
12. quieto, tranquilo _____	25. igual, diferente _____	38. brillante, opaco _____
13. huso, uso _____	26. dentro, fuera _____	39. cerca, próximo _____

Objetivo: Clasificar palabras como antónimas, sinónimas u homónimas.

Respuestas/Answer Key

Page 4:
Row 1: **d**og, **p**ail, ball, **c**andle
Row 2: **p**ool, **c**at, **t**urtle, **p**encil
Row 3: **b**arn, **p**ond, **d**eer, **t**able
Row 4: **d**inosaur, **t**oys, **b**alloon, **c**up

Página 5:
Fila 1: **p**erro, **b**alde, **p**elota, **p**ez
Fila 2: **c**ometa, **c**abra, **t**ortuga, **c**asa
Fila 3: **c**aballo, **b**ruja, **c**onejo, **d**edo
Fila 4: **p**ato, **d**ado, **b**ote, **t**aza

Page 6:
Row 1: **k**ey, **g**irl, **j**ack-in-the-box, **y**ard
Row 2: **y**arn, **f**airy, **g**orilla, **j**ug
Row 3: **k**ite, **f**ish, **j**ar, **k**ettle
Row 4: **y**oyo, **j**ack-'o-lantern, **f**ireplace, **g**oat

Página 7:
Fila 1: **g**lobo, **g**ato, **f**aro, **g**uante
Fila 2: **j**uguete, **g**uitarra, **g**orila, **j**arra
Fila 3: **g**ota, **g**usano, **f**oca, **f**lor
Fila 4: **y**o-yo, **f**rutas, **f**uego, **j**abón

Page 8:
Row 1: **h**ouse, **l**eaf, **S**anta, **l**amp
Row 2: **s**ack, **l**emon, **h**ippopotamous, **m**itten
Row 3: **n**ewspaper, **h**orse, **m**at, **n**et
Row 4: **m**ask, **l**adder, **n**ine, **s**aw

Página 9:
Fila 1: **m**esa, **h**oja, **h**ada, **l**ámpara
Fila 2: **s**aco, **l**imón, **h**ipopótamo, **m**itón
Fila 3: **m**ono, **s**illa, **s**apo, **s**ofá
Fila 4: **m**áscara, **s**erpiente, **n**ueve, **s**errucho

Page 10:
Row 1: **v**egetables, **r**ain, **z**ipper, **w**itch
Row 2: **w**indow, **v**olcano, **r**obot, **r**ing
Row 3: **v**an, **w**alrus, **r**accoon, **z**ucchini
Row 4: **z**ebra, **r**abbit, **v**iolin, **w**ell

Página 11:
Fila 1: **v**egetales, **v**ela, **v**aso, **r**atón
Fila 2: **v**entana, **v**olcán, **r**obot, **r**adio
Fila 3: **z**apato, **v**iento, **r**ey, **r**ama
Fila 4: **z**ebra, **v**estido, **v**iolín, **r**eloj

Page 12:
Row 1: can, cat, pot, bat
Row 2: duck, pen, cap, tack
Row 3: pig, ball, toys, doll
Row 4: top, dog, bag, tent

Página 13:
Fila 1: búfalo, tapa, candado, botella
Fila 2: pato, cometa, peluca, pozo
Fila 3: diente, pelota, carro, dado
Fila 4: trompo, perro, bolsa, tienda

Page 14:
Row 1: sun, jar, key, yard
Row 2: kid, fox, jeep, jam
Row 3: figs, yarn, gum, kick
Row 4: jug, fin, yak, kite

Página 15:
Fila 1: gato, gorro, foca, jamón
Fila 2: jirafa, yo-yo, kiosco, yate
Fila 3: jarrón, fantasma, goma, jabalí
Fila 4: galón, jeringa, frutas, guante

Page 16:
Row 1: hug, saw, moon, log
Row 2: net, mop, lock, nut
Row 3: lid, nap, hat, leg
Row 4: ham, sun, map, sit

Página 17:
Fila 1: higo, serrucho, luna, noche
Fila 2: león, semáforo, nieve, nuez
Fila 3: moneda, siesta, sombrero, huevo
Fila 4: linterna, sol, mapa, manzana

Page 18:
Row 1: rake, zebra, wig, van
Row 2: web, vest, zero, rock
Row 3: rain, wind, vine, rug
Row 4: zoom, vase, well, ring

Página 19:
Fila 1: rastrillo, zebra, ratón, zapato
Fila 2: vampiro, río, zorrillo, roca
Fila 3: regadera, viento, viña, ropa
Fila 4: rosa, regalo, zorro, vaca

Page 20:
Row 1: leaf, dog, drum, box
Row 2: pot, sad, bus, hen
Row 3: tub, bell, car, nut
Row 4: cup, bed, pump, bag

Página 21:
Fila 1: lápiz, árbol, tambor, red
Fila 2: mamut, delfín, autobús, reloj
Fila 3: compás, pez, robot, nuez
Fila 4: avión, raíz, corazón, papel

Page 22:
Row 1: p - p; b - n; p - r; p - l
Row 2: f - x; c - t; m - n; r - f
Row 3: l - g; d - n; g - t; s - s
Row 4: k - p; j - r; w - b; h - g

Página 23:
Fila 1: m - z; c - n; j - n; p - n
Fila 2: c - l; f - r; s - l; l - n
Fila 3: p - d; d - n; m - n; t - n
Fila 4: j - n; t - n; r - j; f - z

Page 24:
Answers may vary. The words must make sense.

Página 25:
Las respuestas pueden variar, pero las palabras deben tener sentido.

Page 26:
Row 1: dragon, lemon, camel, puppy
Row 2: dresser, kayak, kettle, ladder
Row 3: mirror, money, peanut, rabbit
Row 4: raccoon, radio, squirrel, spider

Página 27:
Fila 1: dragón, limón, camello, perrito
Fila 2: cometa, kayak, regalo, escalera
Fila 3: espejo, dinero, maní, conejo
Fila 4: anillo, radio, ardilla, araña

Page 28:
Hard C: candy, coat, corn, candle, cake, cow, cookie, camel, cap, calf
Soft C: fence, city, decide, celery, recess, place, face, pencil, nice, ice

Página 29:
C fuerte: caramelo, corbata, camisa, candela, cabeza, cara, vaca, comer, camello, cono
C suave: cemento, ciudad, decidir, alce, cena, centro, lapicero, mecenas, cielo, amanecer

Page 30:
Yellow: page, ginger, huge, gym, age, orange, cage, engine, stage, bridge
Red: game, flag, dog, goat, gum, gas, tag, garden, sugar, good

Página 31:
Amarillo: gato, grande, guante, mago, goma, gas, mango, gorro, bingo, tango
Rojo: página, magia, gente, gema, margen, Génova, dirigir, gis, jengibre, gimnasio

Page 32:
Row 1: Short a, Long a, Short a, Short a
Row 2: Long a, Long a, Short a, Long a
Row 3: Short a, Long a, Short a, Long a

Página 33:
Fila 1:   mano, ángel, casa, árbol
Fila 2:   lápiz, hacha, oveja, volcán
Fila 3:   pañal, pato, sofá, imán

Page 34:
Row 1:   Long e, Short e, Short e, Long e
Row 2:   Short e, Long e, Short e, Long e
Row 3:   Long e, Short e, Long e, Short e

Página 35:
Fila 1:   conejo, césped, huevos, trébol
Fila 2:   pez, abeja, papel, pies
Fila 3:   pera, médico, regalo, teléfono

Page 36:
Row 1:   Short i, Long i, Short i, Long i
Row 2:   Short i, Short i, Long i, Long i
Row 3:   Short i, Long i, Short i, Long i

Página 37:
Fila 1:   silla, calcetín, libro, imán
Fila 2:   bicicleta, tijera, lapicero, jardín
Fila 3:   maletín, maní, violín, nieve

Page 38:
Row 1:   Long o, Short o, Short o, Long o
Row 2:   Short o, Long o, Long o, Short o
Row 3:   Long o, Long o, Short o, Short o

Página 39:
Fila 1:   caracol, sapo, dólar, hueso
Fila 2:   tambor, camión, reloj, perro
Fila 3:   jabón, cinturón, timón, botón

Page 40:
Row 1:   Long u, Long u, Short u, Short u
Row 2:   Long u, Long u, Short u, Short u
Row 3:   Short u, Long u, Short u, Long u

Página 41:
Fila 1:   cupido, lluvia, cuchara, muñeca
Fila 2:   cubo, música, cuervo, baúl
Fila 3:   fútbol, uniforme, cuna, iglú

Page 42:
Row 1:   Long i, Short u, Short o, Long u
Row 2:   Long e, Short a, Short a, Long e
Row 3:   Short o, Long e, Long u, Long i
Row 4:   Short e, Long o, Short i, Long a

Página 43:
Fila 1:   jabón, baúl, perro, uniforme
Fila 2:   trébol, cantar, águila, violín
Fila 3:   sapo, abeja, música, árbol
Fila 4:   huevos, hueso, libro, ángel

Page 44:
Row 1:   sheep, whale, mouth, wheat
Row 2:   beach, tooth, chimney, shoe
Row 3:   chair, brush, thumb, whistle
Row 4:   thimble, fish, wheel, church

Página 45:
Fila 1:   llama, chaleco, silla, cuchara
Fila 2:   sombrilla, pollo, chimenea, mochila
Fila 3:   lluvia, chancho, anillo, chuchillo
Fila 4:   champiñón, llorar, chocolate, llave

Page 46:
1. when   2. ship   3. shop   4. shine
5. wheels   6. chair   7. wheat   8. think
9. shake   10. thank   11. thick   12. thirty

Página 47:
1. lleva, coche
2. lleno, muchas, enchiladas
3. castillo, noches
4. vallenatos, Cucaracha
5. Bella, pinchó
6. lluvia, chorros, chicos
7. cachorro, llama, llora, mucho, noches
8. orillas, llegó
9. gallos, lechuzas, noche
10. halló, Cochinitos
11. ocho, llegues
12. llaves, mochila

Page 48:
Row 1: grass, blocks, dragon, frog
Row 2: crab, present, glass, bread
Row 3: tree, plate, bridge, truck
Row 4: clock, flag, grapes, slide

Página 49:
Fila 1: fresa, bloques, dragón, plátano
Fila 2: traje, triciclo, cráter, plato
Fila 3: globo, clase, trompo, flor
Fila 3: brocha, granja, brazo, prisión

Page 50:
1. trip, grandparents
2. clock
3. brushed
4. plumber
5. blue, dress
6. bright, flag
7. freight train, slowly, tracks
8. green, blouse
9. crown, glittered
10. clam, closed
11. Brown, grade
12. clouds, gloomy

Página 51:
1. libro, Pedro, habla
2. flores, prados, preciosas, primavera
3. primo, Claudio, playa, tabla
4. Pablo, Beatriz, trabajan
5. Blanca
6. franjas
7. sorpresa, grande, entrar
8. cumple, Cristina
9. temblor, potros, granja
10. prehistórico, tigre, sable
11. crema, sabrosa
12. frío, claro

Page 52:
Row 1: snail, scales, spider, snake
Row 2: star, swing, skate, stroller
Row 3: smoke, sleigh, screw, spray
Row 4: skunk, spoon, squirrel, strawberry

Página 53:
Fila 1: trampolín, crayón, aplauso, frío
Fila 2: blusa, flor, letras, cabra
Fila 3: bicicleta, micrófono, tabla, trigo
Fila 4: potro, libro, regla, cobra

Page 54:
1. steal
2. scampered
3. sneeze
4. smoke
5. swim
6. scraps
7. strong, spread
8. snowy, skated, smooth
9. snapped, swam
10. squealed
11. speak
12. slippery

Página 55:
1. Flautista, escrito
2. Patricia, globos, flores
3. Atlántico
4. geografía, geometría
5. labrador, travesuras
6. flores, claveles, fragancia
7. doblar, bicicleta, brazo
8. temprano, trabajar
9. clase, grande, blancas
10. tres, primeros, plata, bronce
11. ciclo, crece, reproduce
12. piedras, trae

Page 56:
1. caboose – 4, 2, 2
2. sun – 1, 1, 1
3. telephone – 4, 3, 3
4. pancakes – 3, 2, 2
5. goodness – 3, 2, 2
6. elephant – 3, 3, 3
7. bread – 2, 1, 1
8. snowman – 2, 2, 2
9. alphabet – 3, 3, 3
10. boat - 2, 1, 1
11. hoop - 2, 1, 1
12. mother – 2, 2, 2
13. teapot – 3, 2, 2
14. leaves – 3, 1, 1
15. kitten – 2, 2, 2
16. steam – 2, 1, 1

Página 57:

1. clase - 2, 2, 2
2. fe - 1, 1, 1
3. alumno - 3, 3, 3
4. muérdago - 4, 3, 3
5. alfabeto - 4, 4, 4
6. escuela - 4, 3, 3
7. felicidad - 4, 4, 4
8. guitarra - 4, 3, 3
9. escritorio - 5, 4, 4
10. gato - 2, 2, 2
11. queso - 3, 2, 2
12. mantel - 2, 2, 2
13. piedra - 3, 2, 2
14. querubín - 4, 3, 3
15. canal - 2, 2, 2
16. historia - 4, 3, 3

Page 58:

1. A   2. A   3. H   4. S   5. A   6. H   7. S   8. H   9. A
10. H   11. A   12. S   13. H   14. S   15. A   16. S   17. H   18. H
19. S   20. A   21. S   22. H   23. A   24. A   25. A   26. A   27. A
28. H   29. H   30. H   31. H   32. A   33. A   34. A   35. H   36. A
37. H   38. S   39. S

Página 59:

1. A   2. A   3. H   4. A   5. A   6. H   7. S   8. H   9. A
10. H   11. A   12. S   13. H   14. S   15. A   16. S   17. H   18. H
19. S   20. A   21. S   22. H   23. A   24. A   25. A   26. A   27. A
28. H   29. H   30. H   31. H   32. A   33. A   34. A   35. H   36. A
37. H   38. A   39. S